LES FRÈRES GRIMM

Le loup
et les sept cabris

ILLUSTRATIONS DE
MARIE-LAURE VINEY

© HATIER, PARIS, 2000 ISBN 2 218 72952 0
LOI N°49 956 DU 16 JUILLET 1949
SUR LES PUBLICATIONS DESTINÉES À LA JEUNESSE

Il était une fois, une chèvre qui avait
sept cabris.
Un jour qu'elle devait aller au bois
pour chercher de la nourriture,
elle les appela et leur dit :
« Chers enfants, je vais au bois.
Prenez garde au loup. S'il entrait,
il vous mangerait tous, cuir et poils. »

« Le loup se contrefait souvent, mais vous le reconnaîtrez facilement à sa voix rauque et à ses pieds noirs. »
Les cabris répondirent :
« Chère mère, nous ferons bien attention. Vous pouvez partir sans souci. »

Peu de temps après, quelqu'un frappa à la porte en criant :
« Ouvrez-moi, chers enfants ; c'est votre mère et elle vous rapporte quelque chose. »
Mais les cabris avaient reconnu la voix rauque du loup.
« Nous ne voulons pas ouvrir, répondirent-ils, tu n'es pas notre mère qui a une voix douce, tandis que la tienne est rauque. Tu es le loup. »

Le loup s'en alla acheter un gros morceau de craie qu'il mangea pour s'adoucir la voix. Puis il revint, frappa à la porte et cria :
« Ouvrez, chers enfants. C'est votre mère et elle vous rapporte quelque chose. »

Comme le loup avait posé sa patte noire contre la fenêtre, les cabris répondirent :
« Nous ne voulons pas ouvrir ; notre mère n'a pas le pied noir comme toi, tu es le loup. »

Le loup courut alors chez
le boulanger et lui dit :
« Je me suis fait mal au pied ; étends
de la pâte dessus ou je te mange. »
Et quand le boulanger eut enveloppé
sa patte, le loup courut chez
le meunier et lui dit :
« Poudre-moi la patte de farine
blanche ou je te mange. »

Le loup se rendit alors pour
la troisième fois à la porte, frappa
et dit :
« Chers enfants, ouvrez-moi,
ouvrez-moi. C'est votre chère petite
mère qui vous rapporte quelque
chose.
- Montre-nous d'abord ta patte ! »
dirent les cabris.
Alors le loup posa sa patte blanche
contre la fenêtre et les cabris
ouvrirent la porte.

Mais qui entra ? Le loup.
Ils eurent grand peur et se cachèrent.
L'un sauta sous la table, le deuxième dans le lit, le troisième dans le fourneau, le quatrième dans le coffre, le cinquième dans le buffet, le sixième dans la terrine à relaver, le septième dans la caisse de l'horloge.

Mais le loup les trouva tous, à l'exception du plus jeune caché dans la caisse de l'horloge.
Il les avala l'un après l'autre.
Quand le loup fut rassasié, il alla se coucher dans la prairie, sous un arbre, et s'endormit.

Quelque temps après, la chèvre
rentra de la forêt. La porte de
la maison était toute grande ouverte !
La table, la chaise et les bancs
étaient renversés, la terrine
à relaver était en morceaux !

Elle les appela par leur nom l'un après l'autre, mais personne ne répondit. Enfin, quand elle appela le plus jeune, une petite voix s'écria :
« Chère mère, je suis caché dans la caisse de l'horloge ! »
Il lui raconta que le loup était venu et qu'il avait mangé tous les autres. La pauvre mère pleura longtemps.

En ressortant de la maison,
la chèvre vit que le loup était
couché sous un arbre.
Elle le regarda de plus près,
et s'aperçut que quelque chose
remuait dans son gros ventre.
« Mes pauvres enfants seraient-ils
encore en vie ? »

Elle dit alors au petit cabri d'aller à
la maison chercher des ciseaux, une
aiguille et du fil.

Elle ouvrit le ventre du monstre.
Aussitôt, un des cabris sortit sa tête,
et tous les autres s'échappèrent
de même : le monstre les avait
avalés tout rond.

Ce fut une grande joie !
Ils embrassaient leur chère petite
mère et cabriolaient en tous sens.
« Maintenant, dit la chèvre, allez
chercher des pierres pour remplir
le ventre de la maudite bête pendant
qu'elle dort. »
Alors les petits cabris allèrent
vite chercher des pierres
et en remplirent le ventre du loup.
Puis la mère se hâta de le recoudre
pendant son sommeil.

Quand le loup se réveilla, il se leva, et voulut aller boire à la fontaine. Mais quand il commença à bouger, les pierres se heurtèrent dans son ventre les unes contre les autres. Alors il s'écria :

*Qu'est-ce qui fait ce bruit-là
au fond de mon estomac ?
J'avais avalé des cabris
et je suis plein de cailloux gris !*

Arrivé à la fontaine, il se pencha
sur l'eau pour boire, les lourdes
pierres l'entraînèrent au fond,
et il se noya.
Quand les sept cabris virent cela,
ils accoururent en criant :
« Le loup est mort,
le loup est mort ! »

Toute la famille se mit à danser
de joie autour de la fontaine.

D'après un conte des frères Grimm,
traduction Max Buchon, 1869.

Achevé d'imprimer
sur les presses de Pollina, Luçon - n° 79571.B
DL 11 214 février 2 000
Graphisme : studio J. saladin 00